Impressum
Verlag: BABADADA GmbH, Nedderfeld 112 , 22529 Hamburg
Geschäftsführer / Verlagsleitung: Harald Hof
Druck: Books on Demand GmbH, In de Tarpen 42, 22848 Norderstedt

Imprint
Publisher: BABADADA GmbH, Nedderfeld 112 , 22529 Hamburg, Germany
Managing Director / Publishing direction: Harald Hof
Print: Books on Demand GmbH, In de Tarpen 42, 22848 Norderstedt

學校

escola

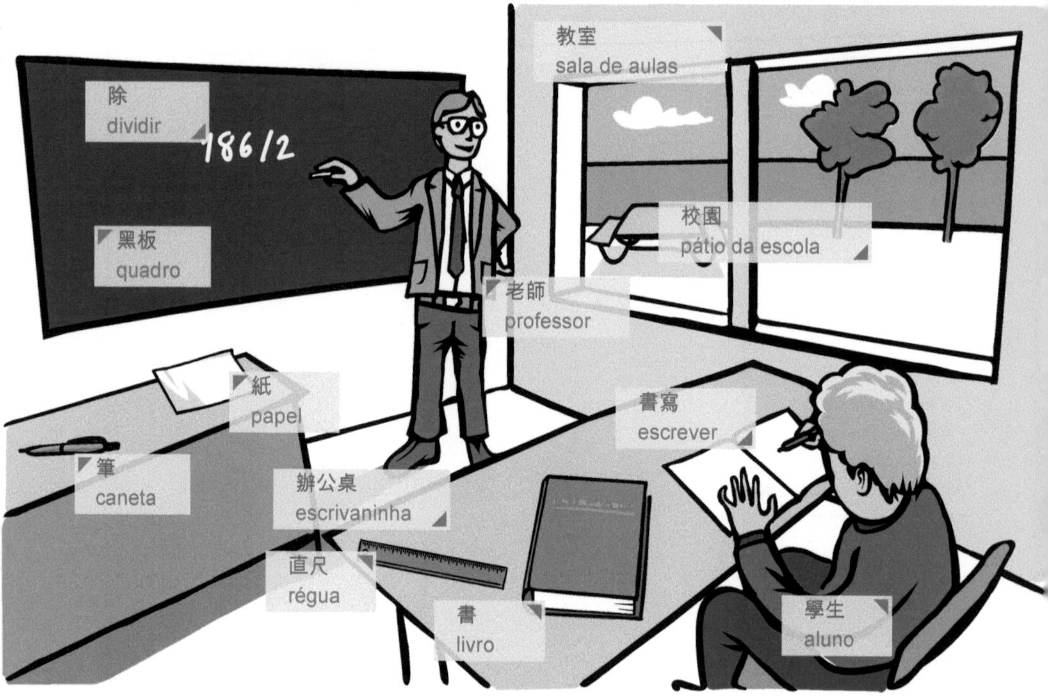

教室
sala de aulas
除
dividir
186/2
黑板
quadro
校園
pátio da escola
老師
professor
紙
papel
書寫
escrever
筆
caneta
辦公桌
escrivaninha
直尺
régua
書
livro
學生
aluno

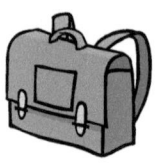

書包

sacola

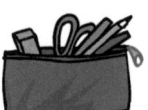

鉛筆盒

estojo de lápis

鉛筆

lápis

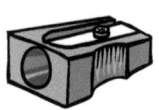

削鉛筆機

apontador de lápis

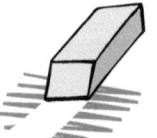

橡皮擦

borracha

畫板

bloco de desenho

圖畫

desenho

畫筆

pincel

顏料盒

estojo de tintas

剪刀

tesoura

膠水

cola

練習冊

livro de exercícios

家庭作業

lição de casa

數字

número

加

somar

減

subtrair

乘

multiplicar

計算

calcular

字母

letra

字母表

alfabeto

字

palavra

課文

texto

讀

ler

粉筆

giz

上課

hora

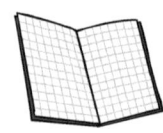

登記

registro da classe

考試

exame

證書

certificado

校服

uniforme escolar

教育

educação

百科全書

enciclopédia

大學

universidade

顯微鏡

microscópio

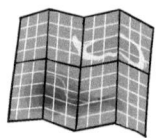

地圖

mapa

廢紙簍

cesto de lixo

學校 - escola

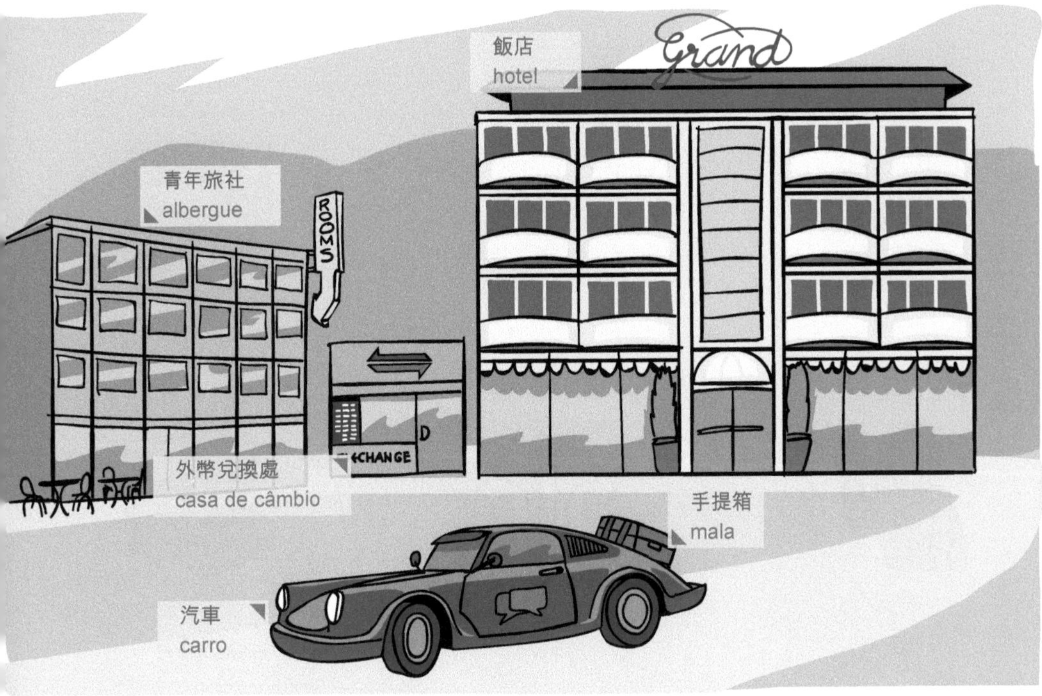

飯店
hotel

青年旅社
albergue

外幣兌換處
casa de câmbio

手提箱
mala

汽車
carro

語言
idioma

是/否
sim / não

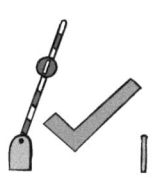

好的
ok

您好
Olá

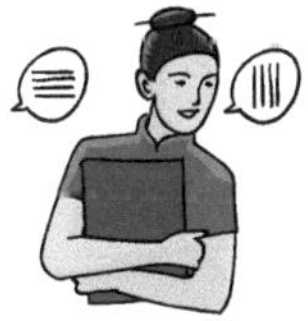

翻譯人員
tradutor

謝謝
obrigado

……多少錢？

quanto custa...?

我不明白

eu não entendo

問題

problema

晚上好！

boa noite!

早上好！

Bom dia!

晚安！

Boa noite!

再見

até logo

方向

direção

行李

bagagem

包

bolsa

背包

mochila

客人

convidado

房間

quarto

睡袋

saco de dormir

帳篷

barraca

旅行資訊

informação turística

海灘

praia

信用卡

cartão de crédito

早餐

café da manhã

午餐

almoço

晚餐

jantar

票

bilhete

電梯

elevador

郵票

selo

邊界

fronteira

海關

alfândega

大使館

embaixada

簽證

visto

護照

passaporte

交通運送

transporte

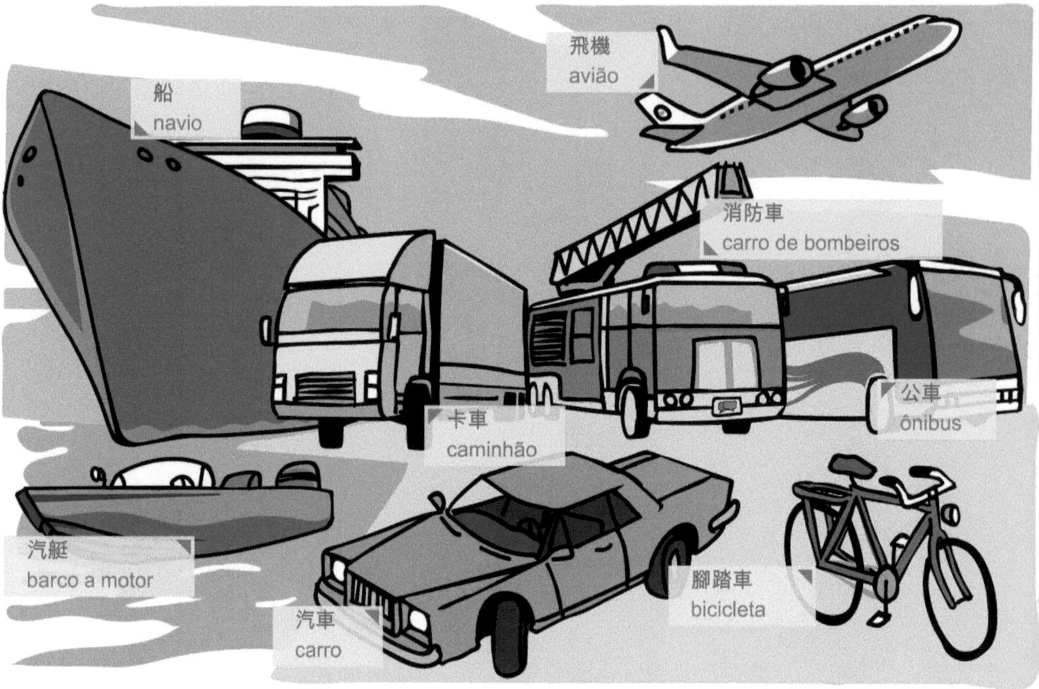
飛機
avião
船
navio
消防車
carro de bombeiros
公車
ônibus
卡車
caminhão
汽艇
barco a motor
腳踏車
bicicleta
汽車
carro

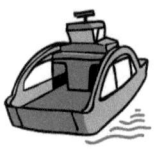

渡輪

balsa

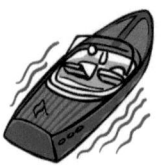

小船

barco

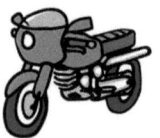

機車

motocicleta

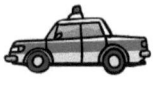

警車

veículo policial

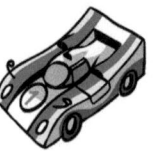

賽車

carro de corrida

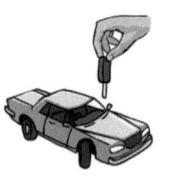

租車

carro de aluguel

拼車

compartilhamento de automóvel

拖車

caminhão de reboque

垃圾車

caminhão de lixo

馬達

motor

汽油

combustível

加油站

posto de gasolina

交通標識

placa de trânsito

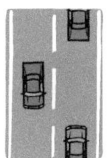

交通

trânsito

交通堵塞

trânsito lento

停車場

estacionamento

火車站

estação de trem

軌道

trilhos

火車

trem

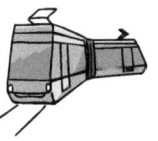

路面電車

bonde

客車廂

vagão

直升機

helicóptero

機場

aeroporto

塔

torre

乘客

passageiro

集裝箱

contêiner

紙板箱

cartolina

手推車

carroça

籃子

cesto

起飛/降落

decolar / pousar

城市

cidade

村莊

vilarejo

市中心

centro da cidade

房子

casa

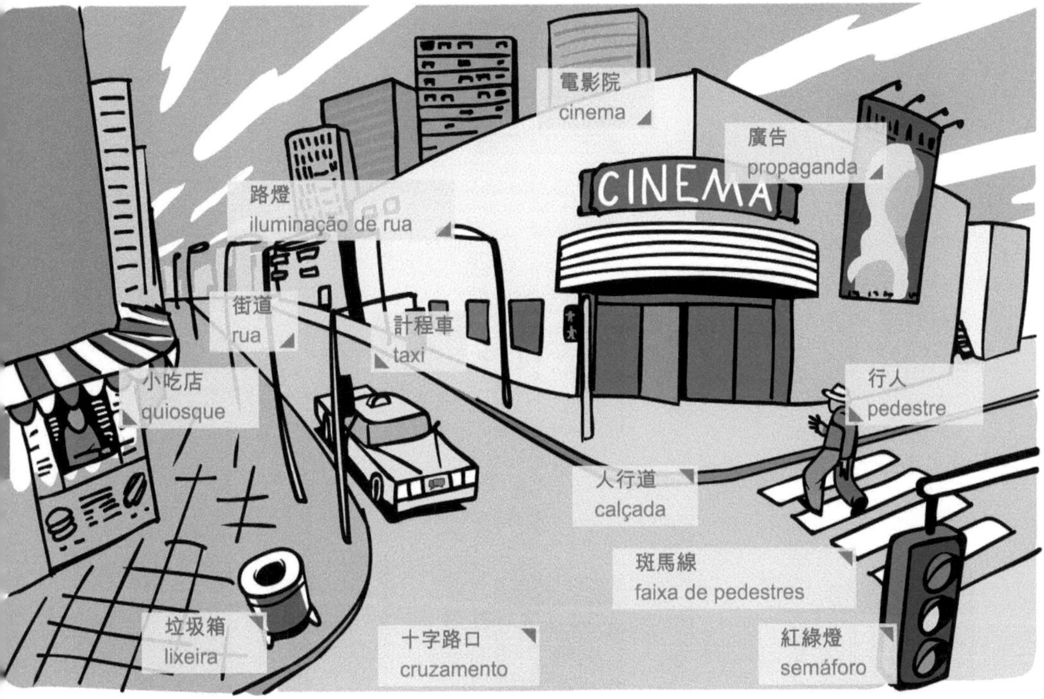

電影院
cinema
廣告
propaganda
CINEMA
路燈
iluminação de rua
街道
rua
計程車
taxi
小吃店
quiosque
行人
pedestre
人行道
calçada
斑馬線
faixa de pedestres
垃圾箱
lixeira
十字路口
cruzamento
紅綠燈
semáforo

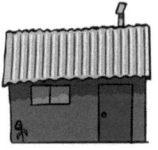

小屋
cabana

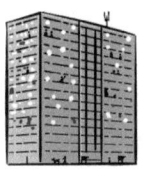

公寓
apartamento

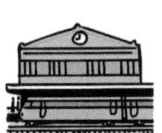

火車站
estação de trem

市政廳
prefeitura

MUSEUM

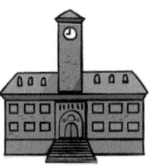

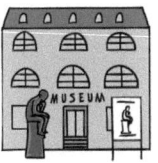

博物館
museu

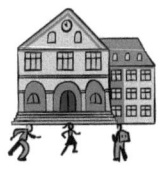

學校
escola

大學
universidade

銀行
banco

醫院
hospital

飯店
hotel

藥房
farmácia

辦公室
escritório

書店
livraria

商店
loja

花店
floricultura

超市
supermercado

市場
mercado

百貨商店
loja de departamentos

魚店
peixaria

購物中心
centro comercial

海港
porto

公園

parque

長凳

banco

橋

ponte

樓梯

escadas

捷運

metrô

隧道

túnel

公車站

ponto de ônibus

酒吧

bar

餐館

restaurante

郵筒

caixa de correspondência

路標

placa de rua

停車計時器

parquímetro

動物園

zoológico

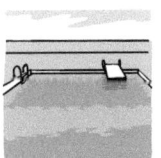

游泳池

piscina

清真寺

mesquita

農場

fazenda

污染

poluição

墓地

cemitério

教堂

igreja

操場

parquinho

寺廟

templo

地形

paisagem

樹葉
folha

指示牌
placa de sinalização

路
caminho

草地
gramado

石頭
pedra

樹
árvore

徒步旅行者
caminhantes

河
rio

草
grama

花
flor

峽谷

vale

丘陵

montanha

湖

lago

森林

floresta

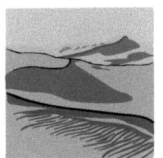

沙漠

deserto

火山

vulcão

城堡

castelo

彩虹

arco-íris

蘑菇

cogumelo

棕櫚樹

palmeira

蚊子

mosquito

蒼蠅

mosca

螞蟻

formiga

蜜蜂

abelha

蜘蛛

aranha

甲蟲

besouro

青蛙

sapo

松鼠

esquilo

刺蝟

ouriço

野兔

lebre

貓頭鷹

coruja

鳥

pássaro

天鵝

cisne

野豬

javali

鹿

veado

麋鹿

alce

水壩

barragem

風力發電機

aerogerador

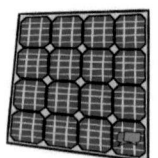

太陽能電池板

painel solar

氣候

clima

餐館
restaurante

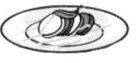

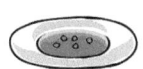

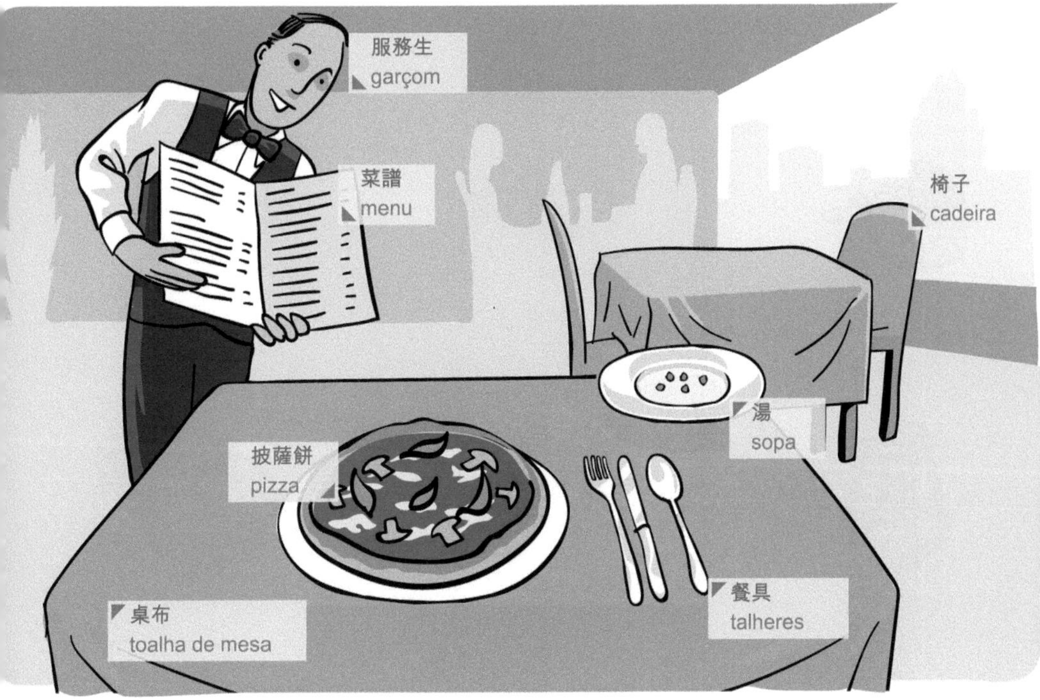

服務生
garçom
菜譜
menu
椅子
cadeira
湯
sopa
披薩餅
pizza
餐具
talheres
桌布
toalha de mesa

前菜

entrada

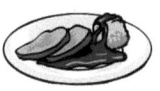

主菜

prato principal

甜點

sobremesa

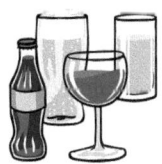

飲料

bebidas

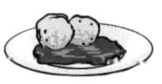

食物

comida

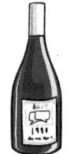

瓶子

garrafa

速食

fastfood

街邊小吃

comida de rua

茶壺

bule de chá

糖盒

açucareiro

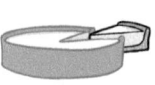

一份飯菜

porção

義式咖啡機

máquina de expresso

高腳椅

cadeirão

帳單

conta

托盤

bandeja

刀

faca

餐叉

garfo

勺子

colher

茶匙

colher de chá

餐巾

guardanapo

玻璃杯

copo

碟子

prato

湯盤

prato de sopa

碟子

pires

醬

molho

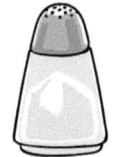

鹽瓶

saleiro

胡椒研磨罐

moedor de pimenta

醋

vinagre

食用油

óleo

調味料

especiarias

番茄醬

ketchup

芥末

mostarda

美乃滋

maionese

超市

supermercado

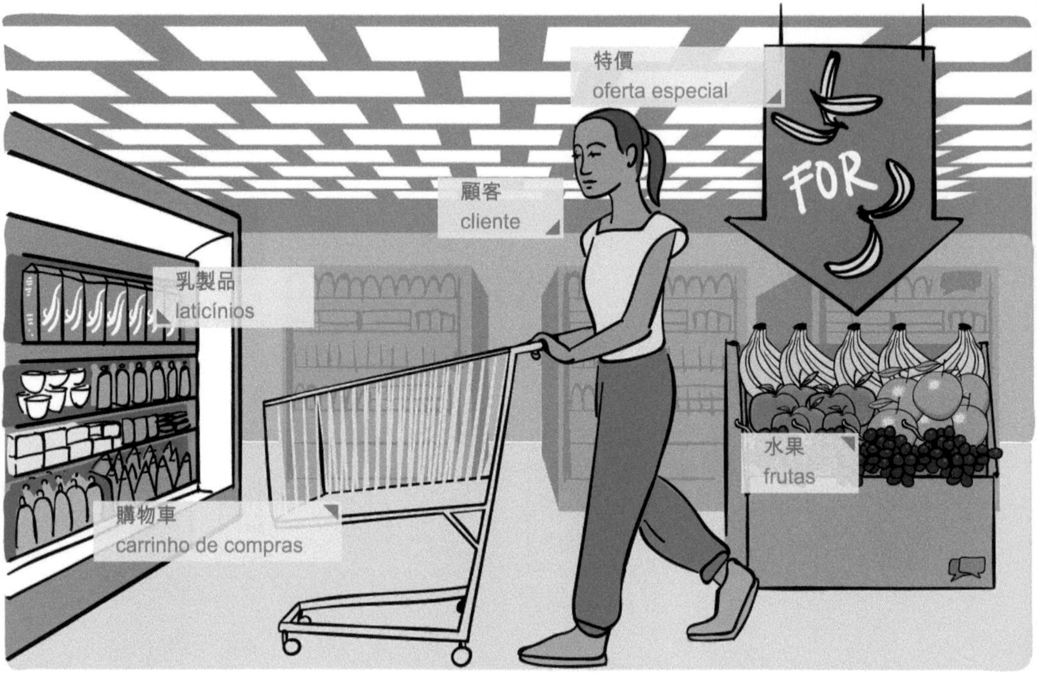

特價
oferta especial
FOR
顧客
cliente
乳製品
laticínios
水果
frutas
購物車
carrinho de compras

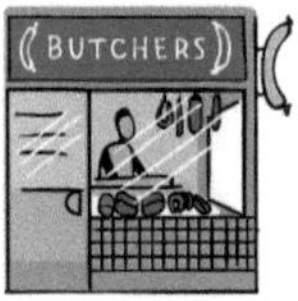

BUTCHERS

肉鋪

açougue

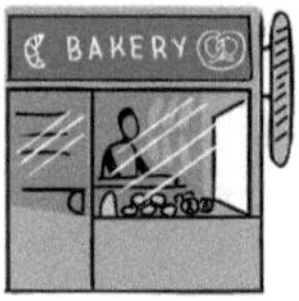

BAKERY

麵包店

padaria

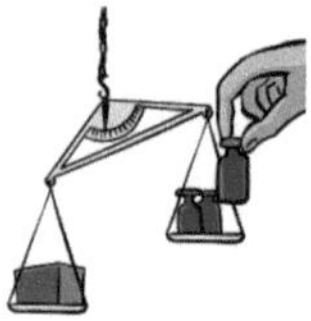

稱重

pesar

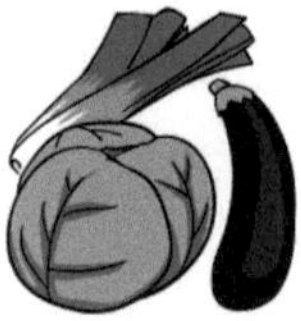

蔬菜

legumes

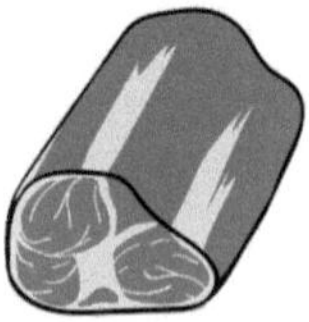

肉

carne

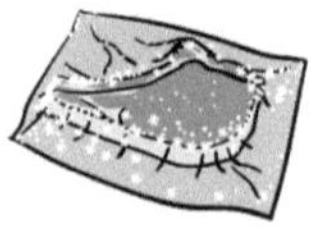

冷凍食品

congelados

冷盤

charcutaria

罐頭食品

conservas

洗衣粉

detergente em pó

甜食

doces

日用品

artigos domésticos

清潔用品

produtos de limpeza

銷售員

vendedora

收銀機

caixa

收銀員

caixa

購物清單

lista de compras

開放時間

horário de funcionamento

錢包

carteira

信用卡

cartão de crédito

袋子

sacola

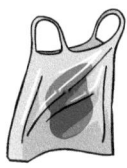

塑膠袋

saco plástico

水

água

果汁

suco

牛奶

leite

可樂

coca-cola

紅酒

vinho

啤酒

cerveja

酒

álcool

可可

cacau

茶

chá

咖啡

café

義式濃縮咖啡

expresso

卡布奇諾

cappuccino

香蕉

banana

蘋果

maçã

柳丁

laranja

西瓜

melão

檸檬

limão

胡蘿蔔

cenoura

大蒜

alho

竹子

bambu

洋蔥

cebola

蘑菇

cogumelo

堅果

nozes

麵條

macarrão

義大利麵

espaguete

米飯

arroz

沙拉

salada

薯條

batatas fritas

炸馬鈴薯

batatas frias

披薩餅

pizza

漢堡

hambúrger

三明治

sanduíche

炸豬排

escalope

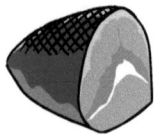

火腿

presunto

義大利臘腸

salame

香腸

salsicha

雞肉

galinha

烤肉

assado

魚

peixe

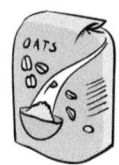

燕麥片

flocos de aveia

木斯里

granola

玉米片

flocos de milho

麵粉

farinha

牛角麵包

croissant

麵包捲

pãozinho

麵包

pão

吐司

torrada

餅乾

biscoitos

奶油

manteiga

凝乳

requeijão

蛋糕

bolo

蛋

ovo

煎蛋

ovo frito

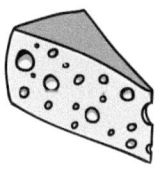

起司

queijo

冰淇淋

sorvete

糖

açúcar

蜂蜜

mel

果醬

geleia

巧克力醬

creme de avelãs

咖哩

curry

農場
fazenda

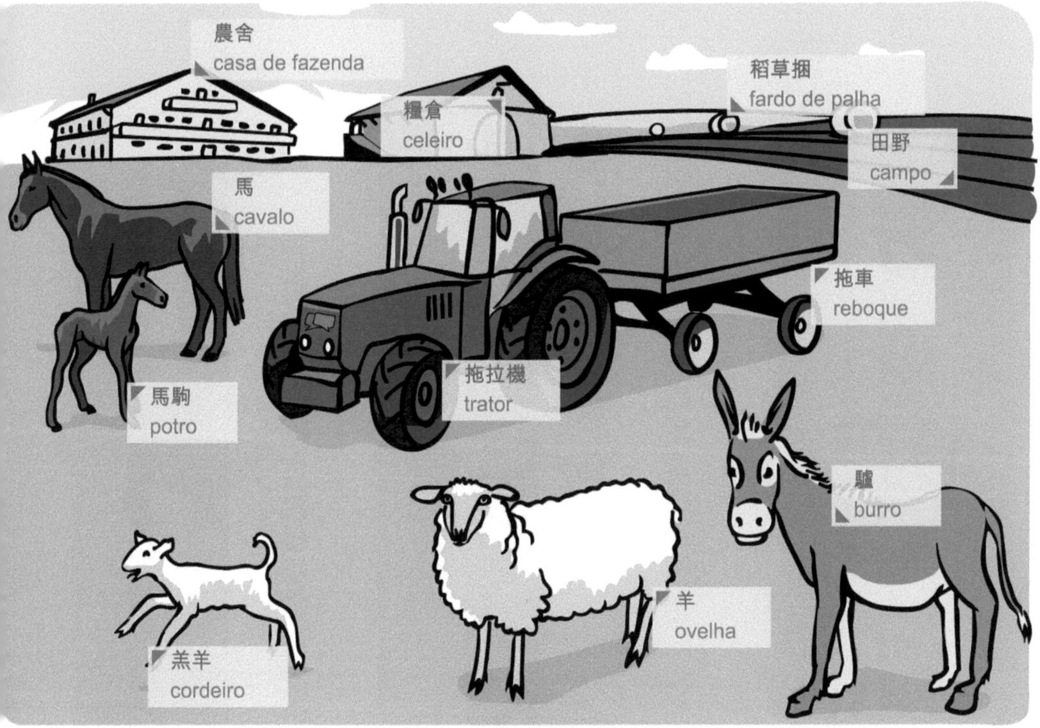
農舍
casa de fazenda
稻草捆
fardo de palha
糧倉
celeiro
田野
campo
馬
cavalo
拖車
reboque
拖拉機
trator
馬駒
potro
驢
burro
羊
ovelha
羔羊
cordeiro

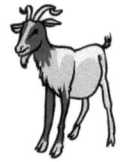

山羊
cabra

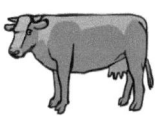

奶牛
vaca

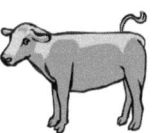

小牛
bezerro

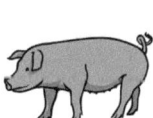

豬
porco

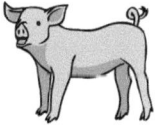

小豬
leitão

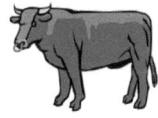

公牛
touro

鵝

ganso

鴨

pato

小雞

pintinho

母雞

galinha

公雞

galo

鼠

ratazana

貓

gato

老鼠

camundongo

牛

boi

狗

cachorro

狗屋

casinha do cachorro

花園澆水軟管

mangueira de jardim

澆水壺

regador

長柄大鐮刀

foice

犁

arado

鐮刀

foice

鋤頭

enxada

長柄草耙

forquilha

斧頭

machado

獨輪手推車

carrinho de mão

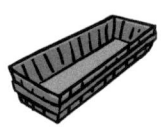

飼料槽

manjedoura

牛奶罐

jarra de leite

麻布袋

saco

柵欄

cerca

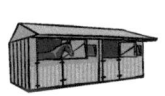

馬廄

estábulo

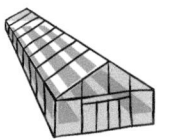

溫室

estufa

土壤

solo

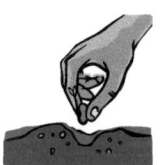

種子

semente

肥料

fertilizante

聯合收割機

colheitadeira

收割

colher

收割

colheita

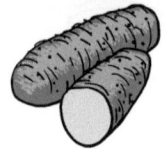

地瓜

inhame

小麥

trigo

大豆

soja

土豆

batata

玉米

milho

油菜籽

colza

果樹

árvore frutífera

樹薯

mandioca

穀物

cereais

房子

casa

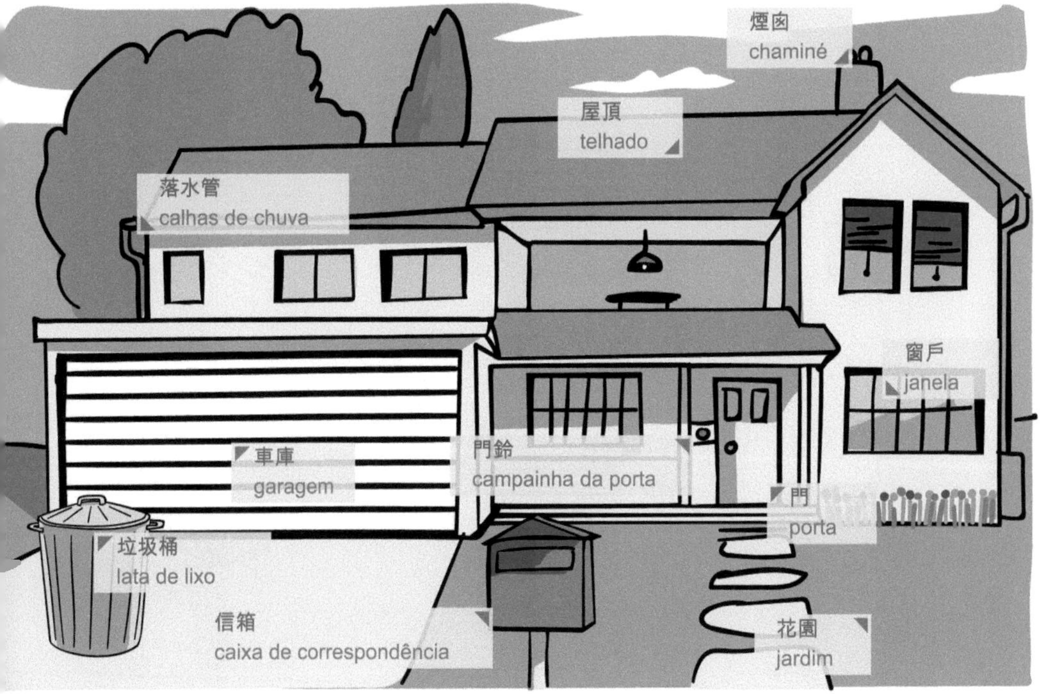

煙囱
chaminé
屋頂
telhado
落水管
calhas de chuva
窗戶
janela
車庫
garagem
門鈴
campainha da porta
門
porta
垃圾桶
lata de lixo
信箱
caixa de correspondência
花園
jardim

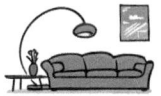

客廳

sala de estar

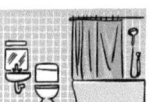

浴室

banheiro

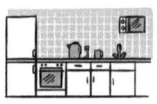

廚房

cozinha

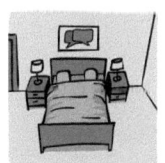

臥室

quarto de dormir

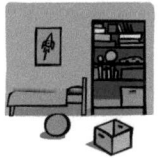

兒童房

quarto de criança

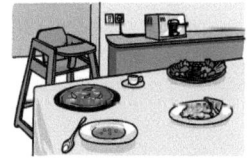

餐廳

sala de jantar

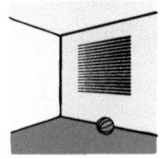

地板

chão

牆壁

parede

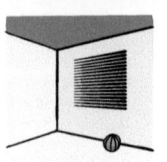

天花板

teto

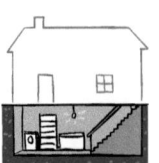

地窖

porão

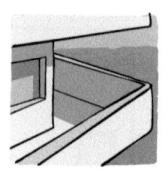

三溫暖

sauna

陽臺

varanda

露臺

terraço

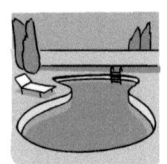

游泳池

piscina

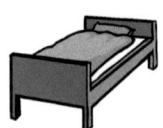

割草機

cortador de grama

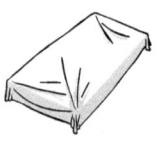

被單

lençol

床罩

coberta

床

cama

掃帚

vassoura

水桶

balde

開關

interruptor

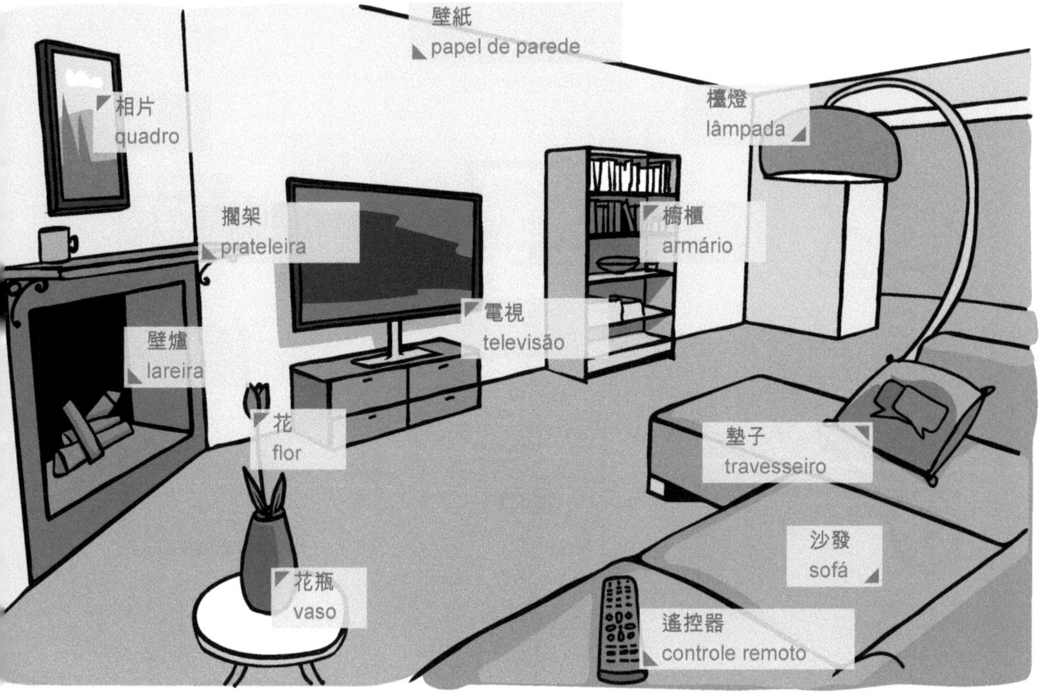

壁紙
papel de parede

相片
quadro

檯燈
lâmpada

擱架
prateleira

櫥櫃
armário

壁爐
lareira

電視
televisão

花
flor

墊子
travesseiro

沙發
sofá

花瓶
vaso

遙控器
controle remoto

地毯

tapete

窗簾

cortina

餐桌

mesa

椅子

cadeira

搖椅

cadeira de balanço

扶手椅

poltrona

書
livro

毯子
cobertor

裝飾品
decoração

木柴
lenha

電影
filme

高傳真音響
equipamento de som

鑰匙
chave

報紙
jornal

油畫
pintura

海報
pôster

收音機
rádio

筆記本
bloco de notas

吸塵器
aspirador

仙人掌
cacto

蠟燭
vela

廚房
cozinha

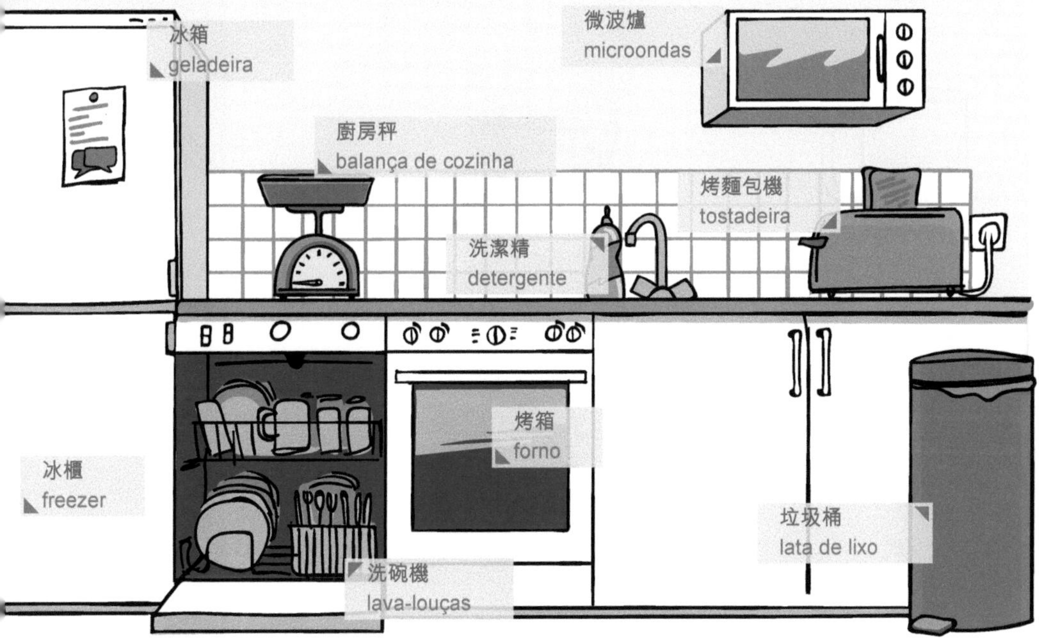

冰箱
geladeira
微波爐
microondas
廚房秤
balança de cozinha
烤麵包機
tostadeira
洗潔精
detergente
烤箱
forno
冰櫃
freezer
垃圾桶
lata de lixo
洗碗機
lava-louças

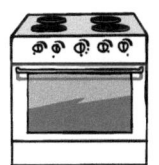

炊具

fogão

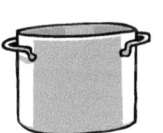

鍋

panela

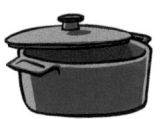

鑄鐵鍋

panela de ferro

炒鍋

wok / kadai

平底鍋

frigideira

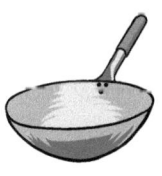

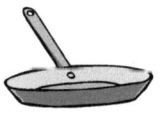

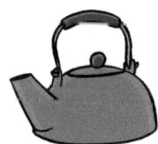

水壺

chaleira

蒸鍋

panela a vapor

烤盤

tabuleiro de forno

陶瓷鍋

louça

馬克杯

caneca

碗

caçarola

筷子

hashi

長柄勺

concha de sopa

鏟子

espátula

攪拌器

batedor

濾網

escorredor

篩子

peneira

磨碎機

ralador

研缽

almofariz

燒烤

churrasqueira

明火

lareira

菜板

tábua de cortar

擀麵杖

rolo da massa

開瓶器

saca-rolhas

罐子

lata

開罐器

abridor de latas

隔熱手套

pegador de panela

水槽

pia

刷子

escova

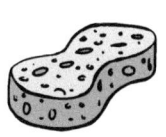

海綿

esponja

攪拌機

liquidificador

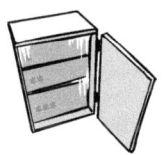

冷藏箱

congelador

奶瓶

mamadeira

水龍頭

torneira

浴室

banheiro

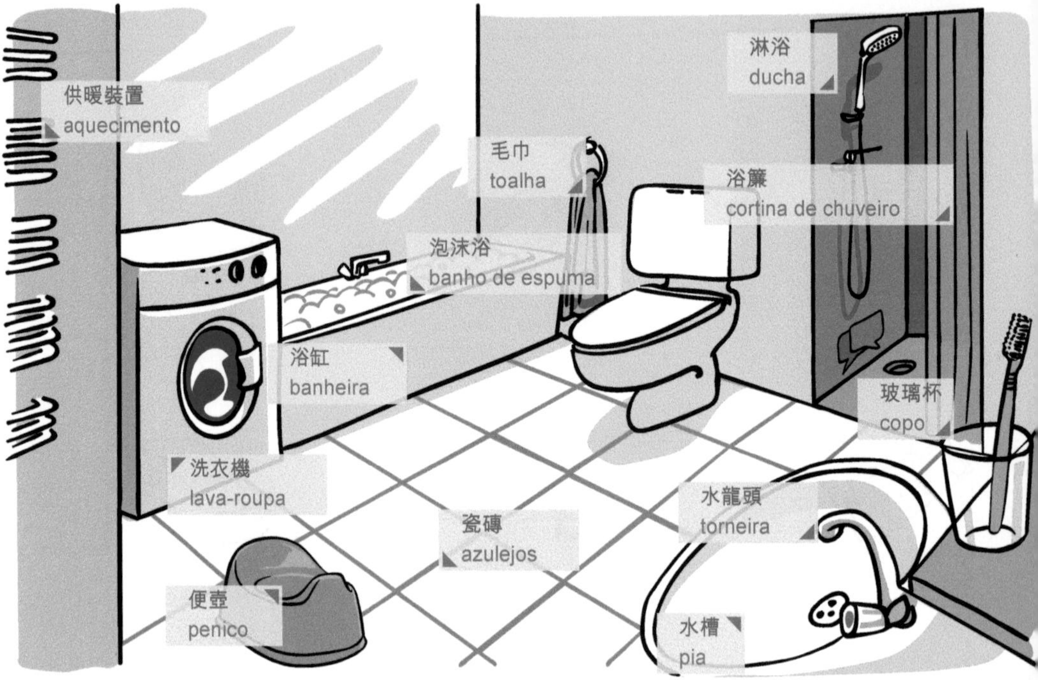

供暖裝置
aquecimento
淋浴
ducha
毛巾
toalha
浴簾
cortina de chuveiro
泡沫浴
banho de espuma
浴缸
banheira
玻璃杯
copo
洗衣機
lava-roupa
水龍頭
torneira
瓷磚
azulejos
便壺
penico
水槽
pia

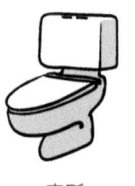

廁所

vaso sanitário

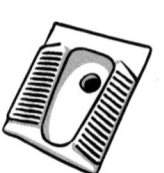

蹲便器

lavabo de agachar

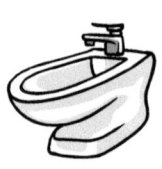

坐浴器

bidê

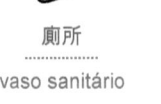

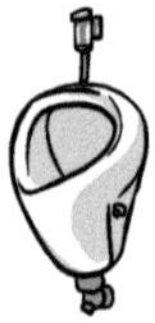

小便斗

mictório

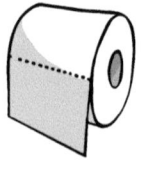

廁紙

papel higiênico

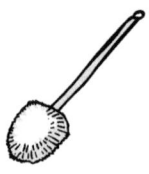

馬桶刷

escova de privada

牙刷

escova de dentes

牙膏

pasta de dentes

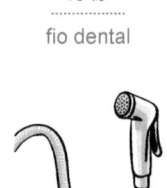

牙線

fio dental

洗

lavar

手持式蓮蓬頭

ducha de mão

沖洗器

ducha íntima

洗臉盆

bacia

洗背刷

escova para as costas

肥皂

sabonete

沐浴露

gel de banho

洗髮乳

xampu

法蘭絨

toalha de rosto

排水

escoamento

乳霜

creme

除臭劑

desodorante

鏡子

espelho

手鏡

espelho de mão

刮鬍刀

barbeador

刮鬍泡沫

espuma de barbear

鬍後水

loção pós-barba

梳子

pente

刷子

escova

吹風機

secador de cabelo

噴髮定型劑

spray de cabelo

化妝品

maquiagem

唇膏

batom

指甲油

esmalte de unhas

化妝棉

algodão

指甲剪

tesoura para unhas

香水

perfume

洗漱包

nécessaire

凳子

banquinho

計重秤

balança

浴袍

roupão de banho

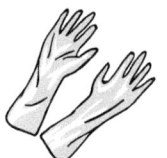

橡膠手套

luvas de borracha

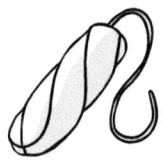

衛生棉條

absorvente interno

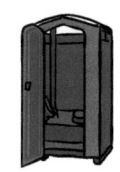

衛生棉

absorvente íntimo

化學廁所

banheiro químico

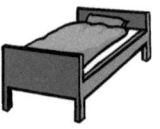

兒童房

quarto de criança

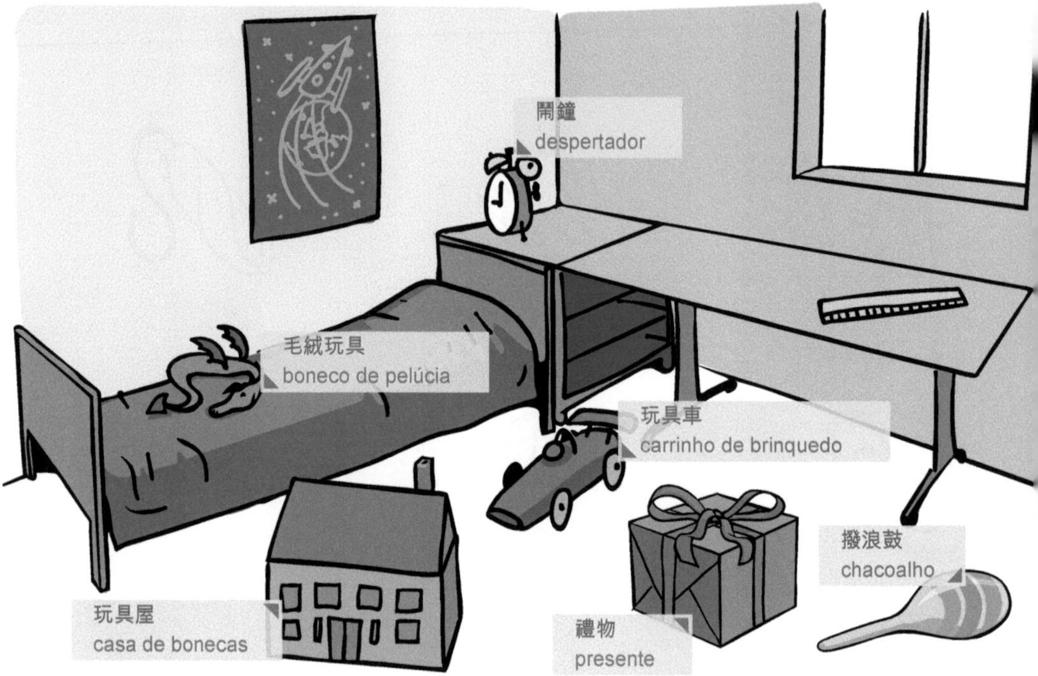

鬧鐘
despertador
毛絨玩具
boneco de pelúcia
玩具車
carrinho de brinquedo
撥浪鼓
chacoalho
玩具屋
casa de bonecas
禮物
presente

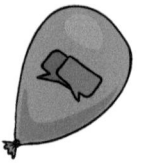

氣球

balão

床

cama

嬰兒車

carrinho de bebê

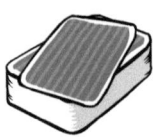

撲克牌

jogo de cartas

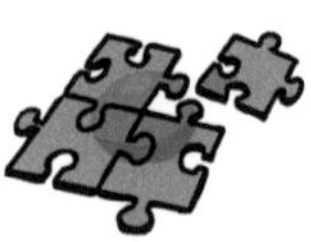

拼圖

quebra-cabeças

SUPER
MEGA

漫畫

revista de quadrinhos

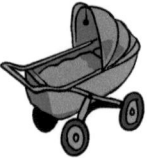

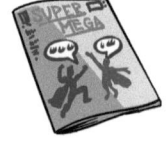

樂高積木

peças de Lego

積木玩具

blocos de construção

公仔

figura de ação

嬰兒服

macaquinho de bebê

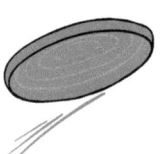

飛盤

frisbee

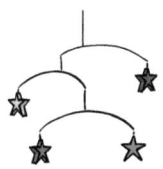

床鈴玩具

móbile para bebé

棋盤遊戲

jogo de tabuleiro

骰子

dados

火車模型

trenzinho elétrico

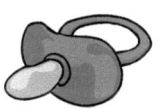

安撫奶嘴

chupeta

派對

festa

繪本

livro ilustrado

球

bola

洋娃娃

boneca

玩

brincar

沙坑

caixa de areia

鞦韆

balanço

玩具

brinquedos

電玩遊戲

videogame

三輪車

triciclo

泰迪熊

ursinho de pelúcia

衣櫃

guarda-roupa

衣服

vestuário

襪子

meias

長襪

meias pelo joelho

緊身褲

meias-calças

圍巾
cachecol

雨傘
guarda-chuva

T恤
camiseta

皮帶
cinto

靴子
botas

拖鞋
chinelos

運動鞋
tênis

涼鞋	鞋	雨靴
sandálias	sapatos	botas de borracha

內褲	胸罩	背心
roupa de baixo	sutiã	camiseta de baixo

衣服 - vestuário 　　　　45

身體
body

褲子
calças

牛仔褲
jeans

短裙
saia

女式襯衫
blusa

襯衫
camisa

套頭衫
pulôver

連帽上衣
suéter com capuz

西裝夾克
blazer

夾克
jaqueta

外套
casaco

雨衣
gabardine

套裝
traje

連衣裙
vestido

婚紗
vestido de casamento

西裝
terno

睡袍
camisola

睡衣
pijama

莎麗
sari

頭巾
lenço de cabeça

包頭巾
turbante

波卡
burca

卡夫坦
cafetã

(阿拉伯式)長袍
abaya

泳衣
maiô

男式泳褲
sunga

短褲
shorts

運動服
roupa de treino

圍裙
avental

手套
luvas

鈕扣

botão

眼鏡

óculos

手鏈

pulseira

項鍊

colar

戒指

anel

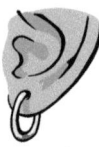

耳環

brinco

便帽

boné

衣架

cabide

帽子

chapéu

領帶

gravata

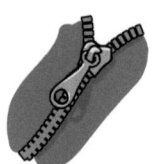

拉鍊

zíper

安全帽

capacete

背帶

suspensórios

校服

uniforme escolar

制服

uniforme

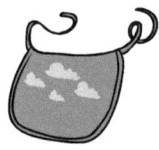

圍兜

babador

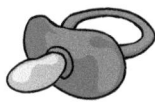

安撫奶嘴

chupeta

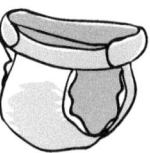

尿布

fralda

辦公室

escritório

伺服器
servidor
檔案櫃
armário de arquivos
印表機
impressora
紙
papel
螢幕
monitor
滑鼠
mouse
辦公桌
escrivaninha
資料夾
pasta
鍵盤
teclado
廢紙簍
cesto de lixo
電腦
computador
椅子
cadeira

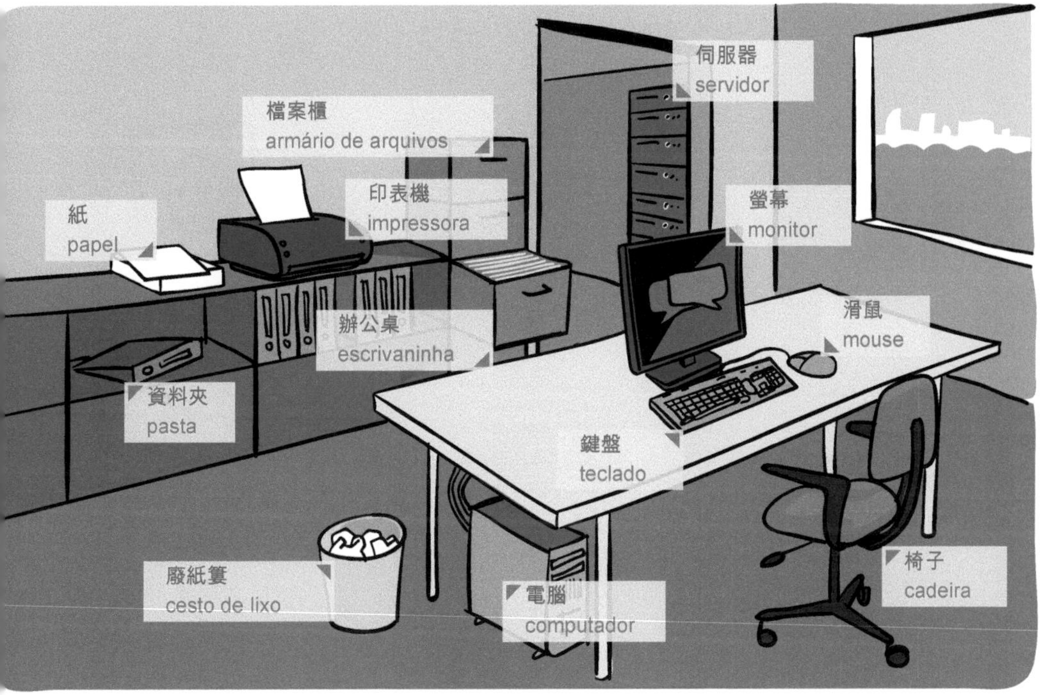

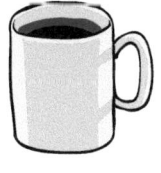

咖啡杯

xícara de café

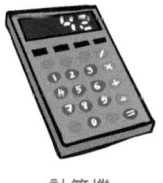

計算機

calculadora

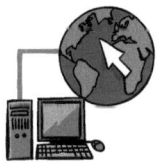

網際網路

internet

筆記型電腦

laptop

信件

carta

簡訊

mensagem

行動電話

celular

網路

rede

影印機

copiadora

軟體

software

電話

telefone

插座

tomada

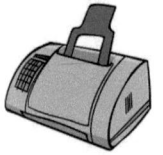

傳真機

fax

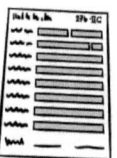

表格

formulário

檔案

documento

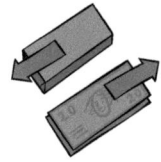

買
comprar

付錢
pagar

交易
negociar

現金
dinheiro

美元
Dólar

歐元
Euro

日元
Yen

盧布
rublo

瑞士法郎
franco suíço

人民幣
renminbi yuan

盧比
rupia

提款處
caixa eletrônico

外幣兌換處

casa de câmbio

金

ouro

銀

prata

石油

petróleo

能源

energia

價格

preço

合約

contrato

稅金

imposto

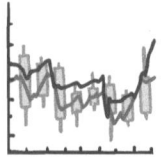

股票

ação

工作

trabalhar

職員

empregado

老闆

empregador

工廠

fábrica

商店

loja

職業

profissões

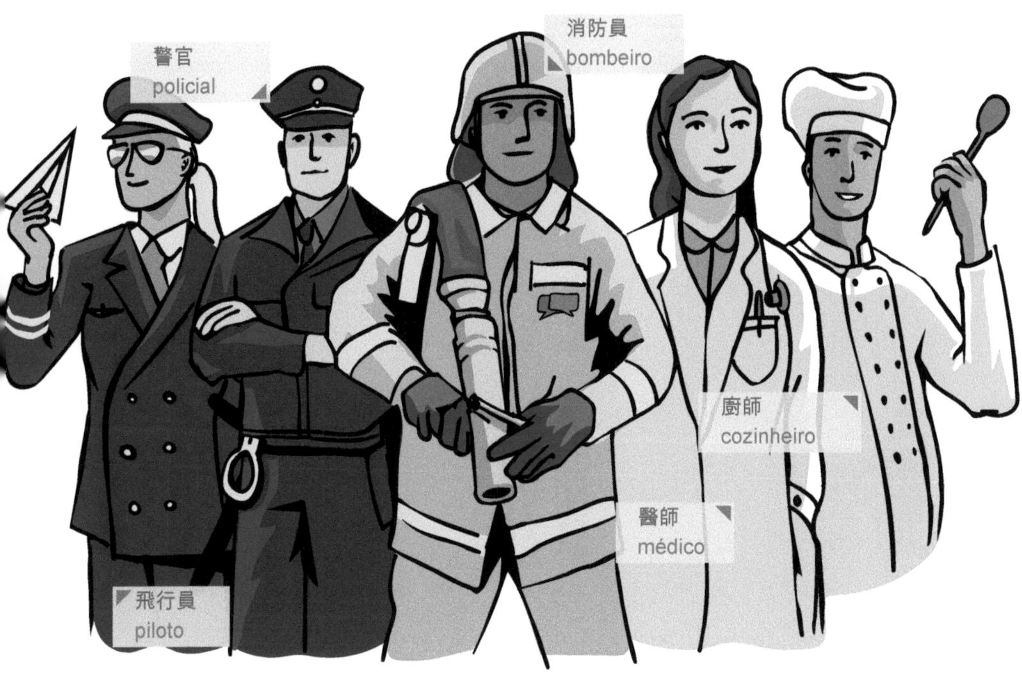
警官
policial
消防員
bombeiro
廚師
cozinheiro
醫師
médico
飛行員
piloto

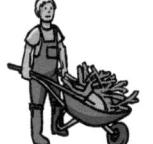

園丁

jardineiro

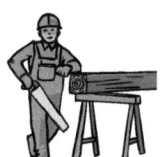

木匠

marceneiro

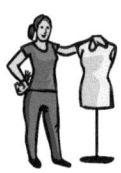

裁縫

costureira

法官

juiz

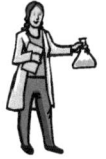

化學家

químico

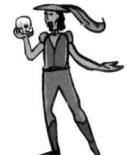

演員

ator

公車司機

motorista de ônibus

計程車司機

motorista de táxi

漁夫

pescador

清洗女工

faxineira

屋頂工

telhador

服務生

garçom

獵人

caçador

畫家

pintor

麵包師

padeiro

電工

eletricista

建築工人

construtor

工程師

engenheiro

屠夫

açougueiro

水管工

encanador

郵差

carteiro

士兵

soldado

建築師

arquiteto

收銀員

caixa

花農

florista

理髮師

cabelereiro

售票員

condutor

機械技師

mecânico

船長

capitão

牙醫

dentista

科學家

cientista

拉比

rabino

伊瑪目

imam

和尚

monge

牧師

pastor

工具
ferramentas

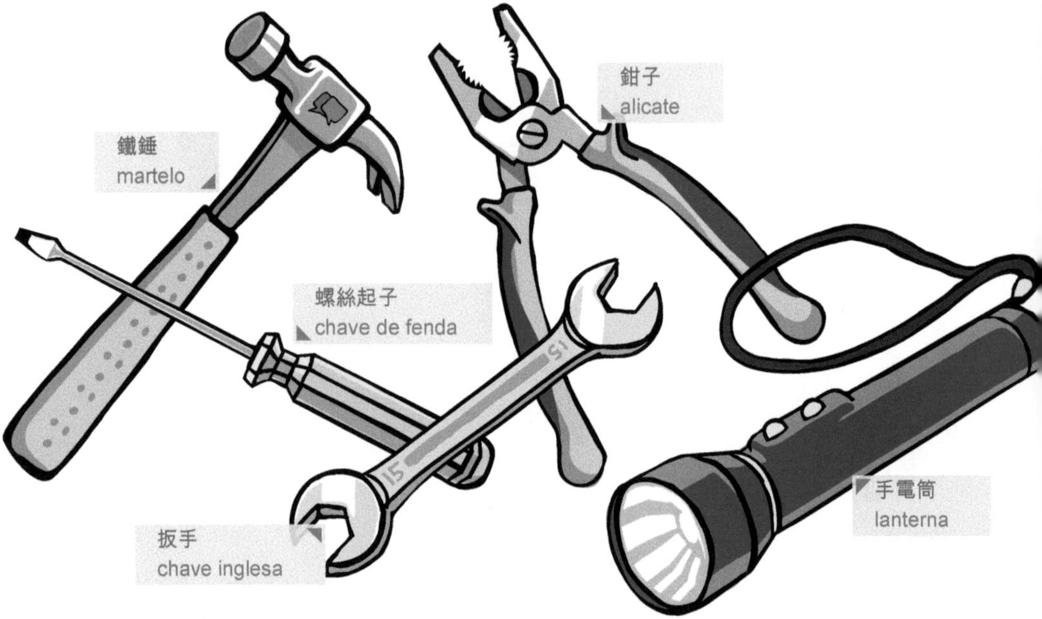

鐵錘
martelo
鉗子
alicate
螺絲起子
chave de fenda
扳手
chave inglesa
手電筒
lanterna

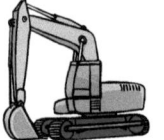

挖掘機

escavadora

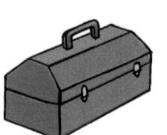

工具箱

caixa de ferramentas

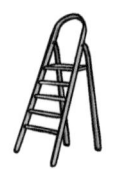

梯子

escada de mão

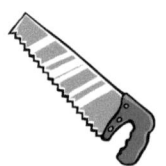

鋸子

serra

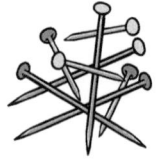

釘子

pregos

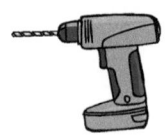

鑽機

furadeira

修
consertar

鏟子
pá

糟糕！
Droga!

畚箕
pá de lixo

油漆桶
pote de tinta

螺絲
parafusos

樂器
instrumentos musicais

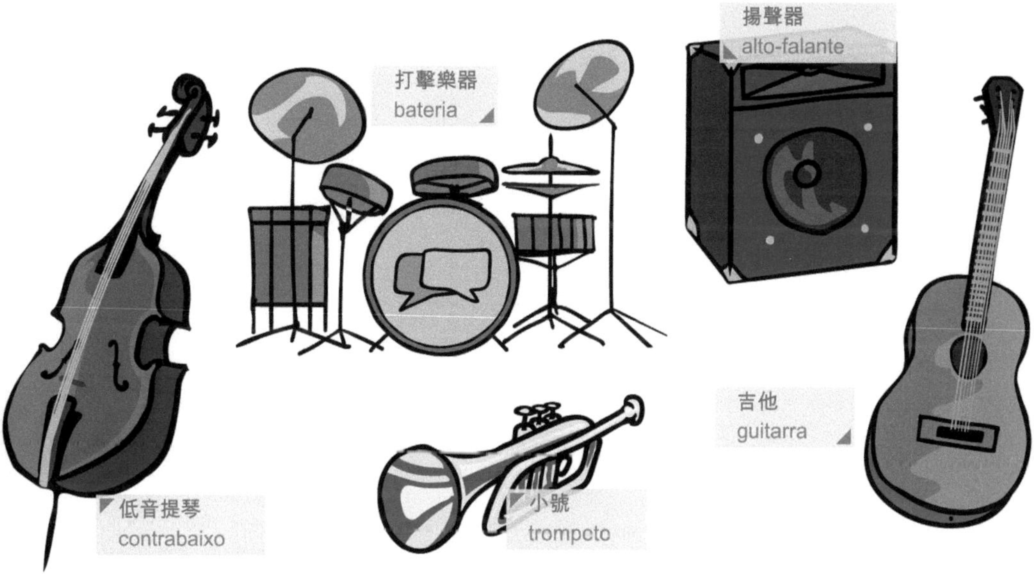

打擊樂器
bateria

揚聲器
alto-falante

吉他
guitarra

低音提琴
contrabaixo

小號
trompeto

鋼琴

piano

小提琴

violino

貝斯

baixo

定音鼓

timbales

鼓

tambor

電子琴

teclado

薩克斯風

saxofone

長笛

flauta

麥克風

microfone

動物園

zoológico

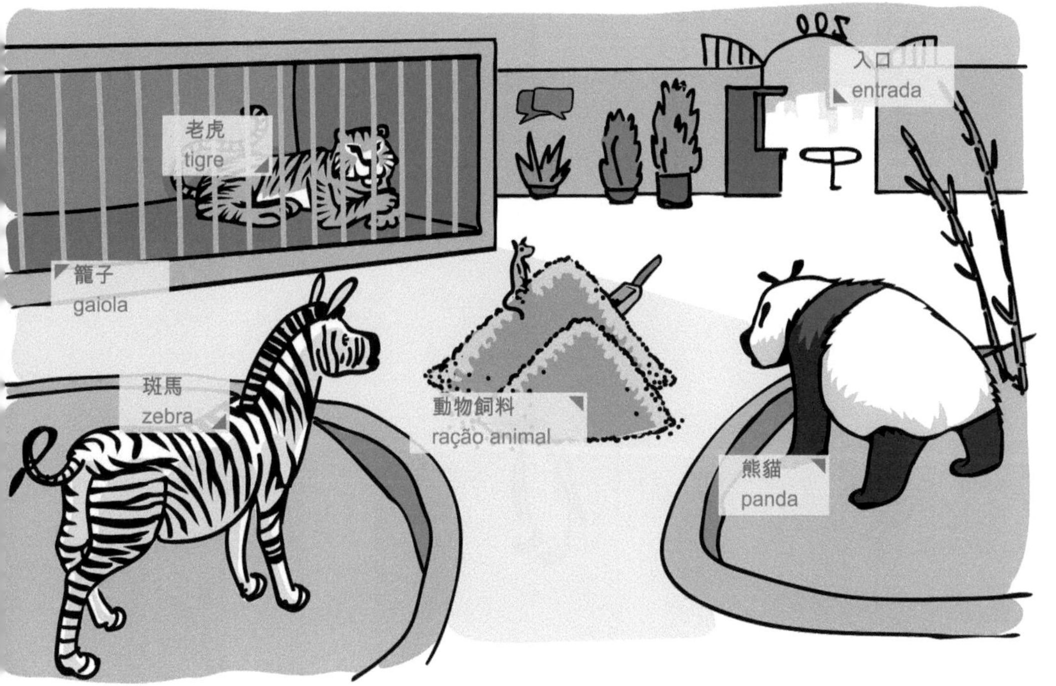
入口
entrada
老虎
tigre
籠子
gaiola
斑馬
zebra
動物飼料
ração animal
熊貓
panda

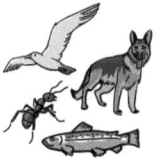

動物

animais

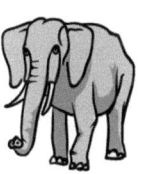

大象

elefante

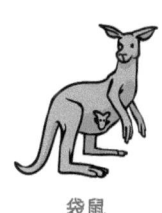

袋鼠

canguru

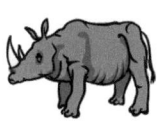

犀牛

rinoceronte

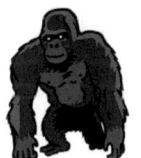

大猩猩

gorila

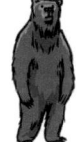

熊

urso

駱駝

camelo

鴕鳥

avestruz

獅子

leão

猴子

macaco

紅鶴

flamingo

鸚鵡

papagaio

北極熊

urso polar

企鵝

pinguim

鯊魚

tubarão

孔雀

pavão

蛇

cobra

鱷魚

crocodilo

動物園管理員

guarda do zoológico

海豹

foca

美洲豹

jaguar

矮種馬

pônei

豹

leopardo

河馬

hipopótamo

長頸鹿

girafa

老鷹

águia

野豬

javali

魚

peixe

龜

tartaruga

海象

morsa

狐狸

raposa

羚羊

gazela

橄欖球
futebol americano

騎腳踏車
ciclismo

網球
tênis

籃球
basquete

游泳
natação

冰球
hóquei no gelo

拳擊
boxe

美式足球
futebol

羽毛球
badminton

田徑
atletismo

手球
handebol

滑雪
esqui

馬球
polo

跳
pular

擁抱
abraçar

笑
rir

走路
andar

唱
cantar

祈禱
rezar

親吻
beijar

做夢
sonhar

書寫
escrever

畫
desenhar

展示
mostrar

推
empurrar

給
dar

拿
tomar

有
....
ter

做
....
fazer

當
....
ser

站
....
ficar de pé

跑
....
correr

拉
....
puxar

丟
....
jogar

摔倒
....
cair

躺
....
deitar

等待
....
esperar

攜帶
....
carregar

坐
....
sentar

穿衣
....
vestir

睡覺
....
dormir

醒來
....
despertar

看
olhar para

哭
chorar

擊
acariciar

梳頭
pentear

交談
falar

明白
entender

問
perguntar

聽
ouvir

喝
beber

吃
comer

清理
arrumar

愛
amar

做飯
cozinhar

開車
dirigir

飛
voar

航行

velejar

計算

calcular

讀

ler

學習

aprender

工作

trabalhar

結婚

casar

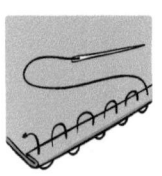

縫

costurar

刷牙

escovar os dentes

殺

matar

抽菸

fumar

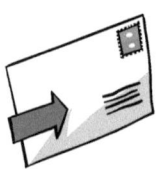

寄

enviar

家
família

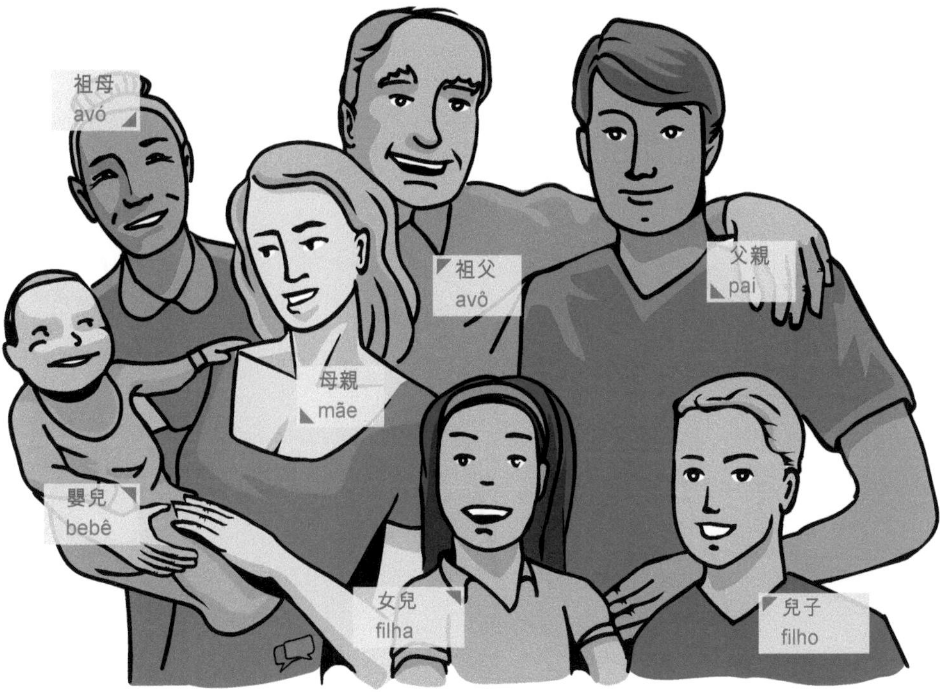

祖母
avó
祖父
avô
父親
pai
母親
mãe
嬰兒
bebê
女兒
filha
兒子
filho

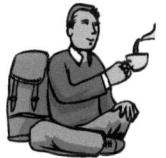

客人

convidado

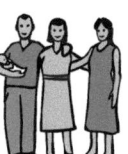

阿姨

tia

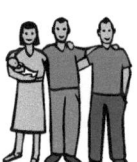

叔叔

tio

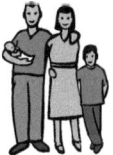

兄弟

irmão

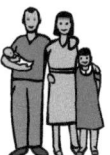

姐妹

irmã

身體

corpo

前額
testa
眼睛
olho
肩膀
ombro
手指
dedo
臉
rosto
下巴
queixo
手
mão
腿
perna
乳房
peito
手臂
braço

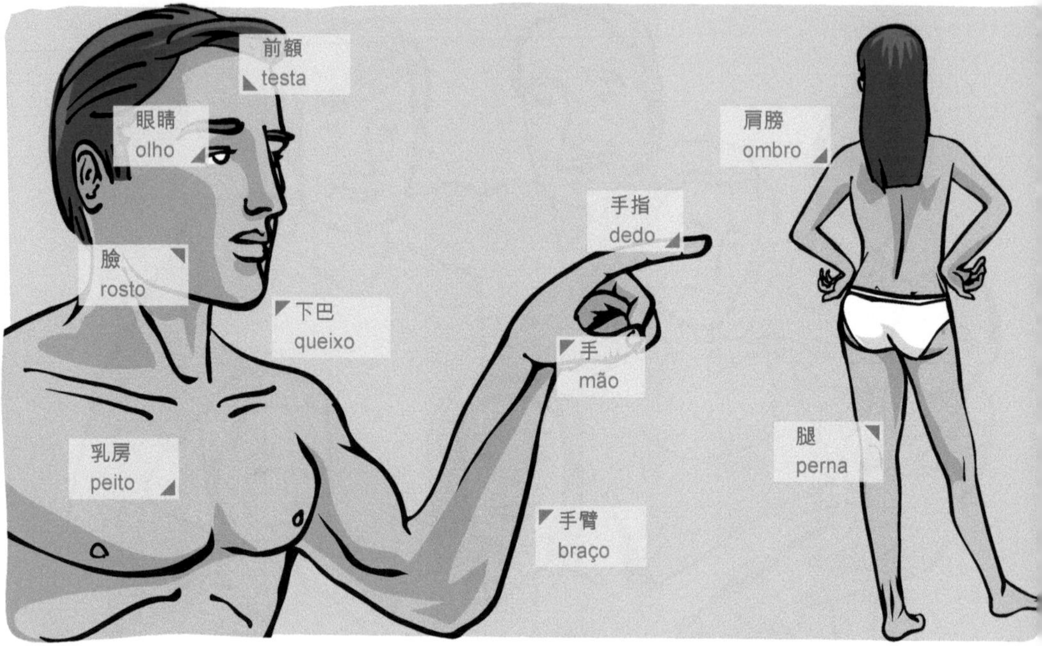

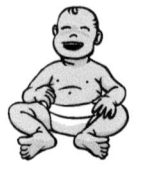

嬰兒

bebê

男人

homem

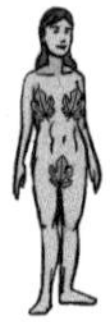

女人

mulher

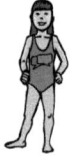

女孩

menina

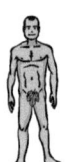

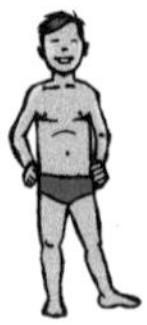

男孩

menino

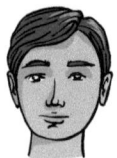

頭

cabeça

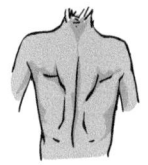

背部

costas

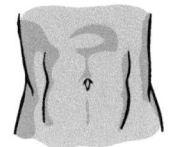

肚子

barriga

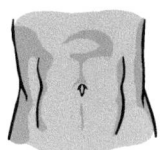

肚臍

umbigo

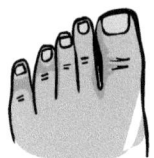

腳趾

dedo do pé

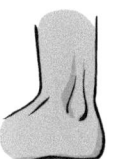

腳後跟

calcanhar

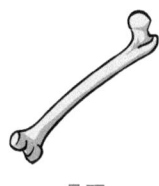

骨頭

osso

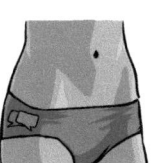

臀部

anca

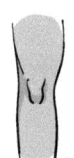

膝蓋

joelho

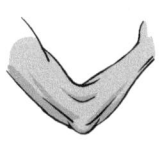

手肘

cotovelo

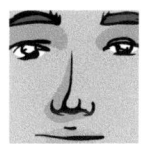

鼻子

nariz

屁股

nádegas

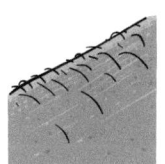

皮膚

pele

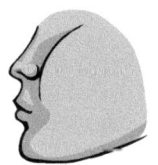

臉頰

bochecha

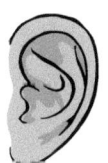

耳朵

orelha

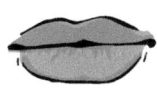

嘴唇

lábio

嘴
boca

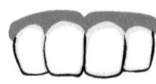

牙齒
dente

舌頭
língua

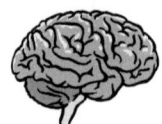

腦
cérebro

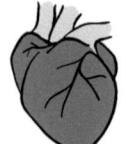

心臟
coração

肌肉
músculo

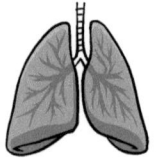

肺
pulmão

肝臟
fígado

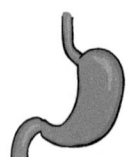

胃
estômago

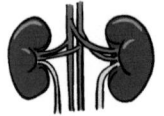

腎臟
rins

性交
relações sexuais

保險套
preservativo

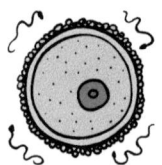

卵子
óvulo

精子
esperma

懷孕
gravidez

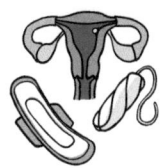

月事

menstruação

陰道

vagina

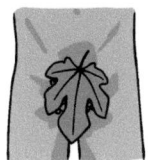

陰莖

pênis

眉毛

sobrancelha

頭髮

cabelo

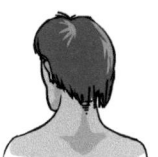

脖子

pescoço

醫院
hospital

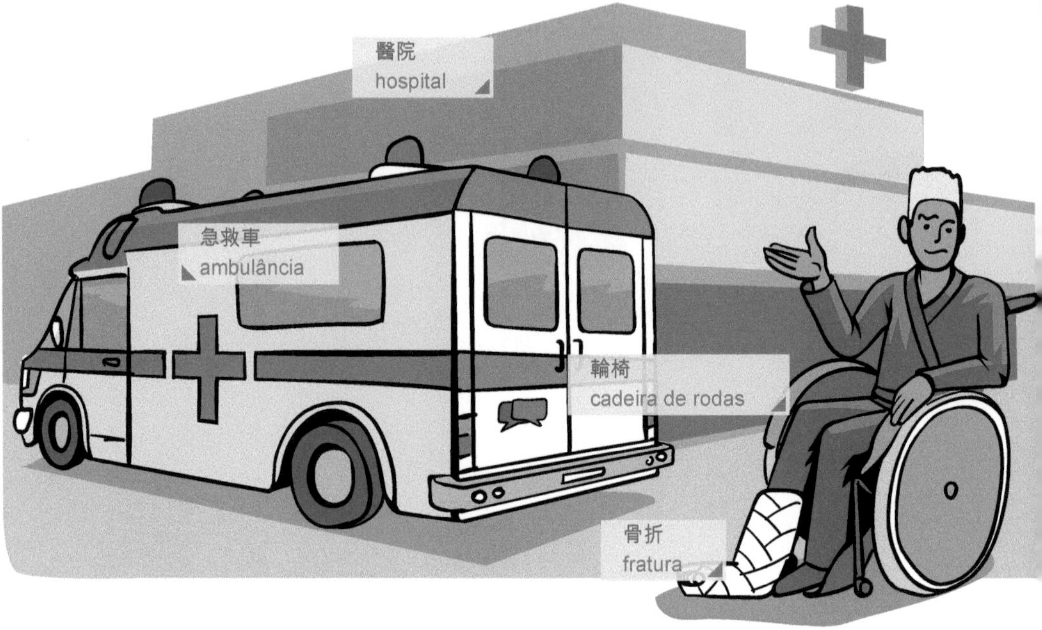

醫院
hospital
急救車
ambulância
輪椅
cadeira de rodas
骨折
fratura

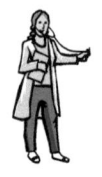

醫師
médico

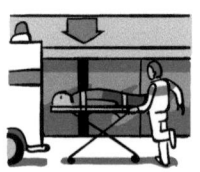

急診室
pronto-socorro

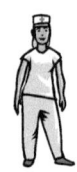

護理師
enfermeira

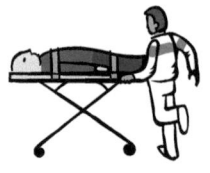

緊急情形
emergência

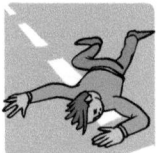

昏迷
inconsciente

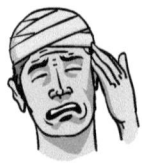

痛
dor

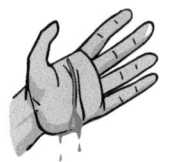

受傷

ferimento

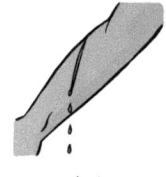

出血

hemorragia

心臟病發作

ataque cardíaco

中風

acidente vacular cerebral

過敏

alergia

咳嗽

tosse

發燒

febre

流感

gripe

腹瀉

diarreia

頭痛

dor de cabeça

癌症

câncer

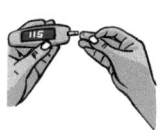

糖尿病

diabetes

外科醫師

cirurgião

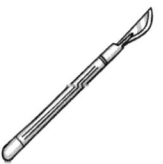

手術刀

bisturi

手術

operação

電腦斷層掃描

CT

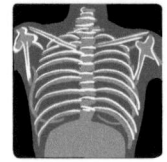

X光

raio x

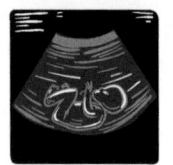

超音波

ultrassom

口罩

máscara

疾病

doença

候診室

sala de espera

拐杖

muleta

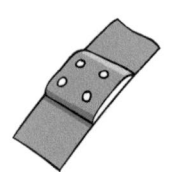

石膏

bandeide

繃帶

ligadura

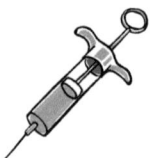

注射

injeção

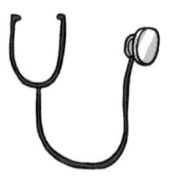

聽診器

estetoscópio

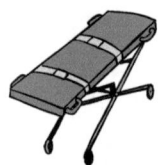

擔架

maca

體溫計

termômetro

出生

nascimento

超重

excesso de peso

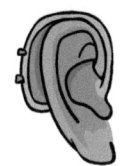

助聽器

aparelho auditivo

消毒液

desinfetante

感染

infecção

病毒

vírus

愛滋病

HIV / AIDS

藥物

medicamento

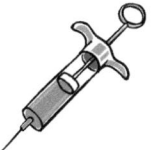

接種疫苗

vacinação

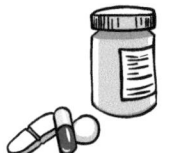

藥片

comprimidos

藥丸

pílula

急救電話

chamada de emergência

血壓計

dispositivo de medição de
pressão arterial

生病/健康

doente / saudável

救命！

Socorro!

警報

alarme

突擊

assalto

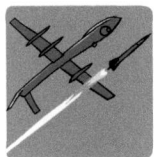

攻擊

ataque

危險

perigo

緊急出口

saída de emergência

失火了！

Fogo!

滅火器

extintor de incêndios

意外

acidente

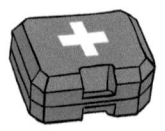

急救箱

maleta de primeiros
socorros

呼救訊號

SOS

員警

polícia

歐洲

Europa

北美洲

América do Norte

南美洲

América do Sul

非洲

África

亞洲

Ásia

澳洲

Austrália

大西洋

Atlântico

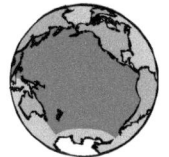

太平洋

Pacífico

印度洋

Oceano Índico

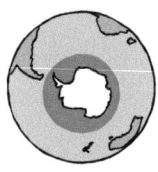

南冰洋

Oceano Antártico

北冰洋

Oceano Ártico

北極

Polo Norte

南極

Polo Sul

南極洲

Antártica

地球

Terra

陸地

terra

海

mar

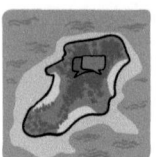

島

ilha

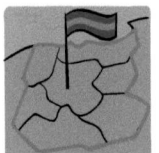

國家

nação

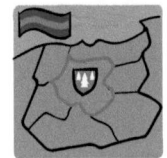

州

estado

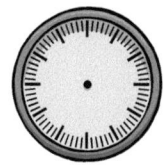

錶盤
mostrador do relógio

時針
ponteiro das horas

分針
ponteiro dos minutos

秒針
ponteiro dos segundos

現在幾點？
Que horas são?

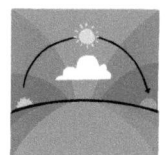

天
dia

時間
tempo

現在
agora

電子錶
relógio digital

分
minuto

時
hora

週

semana

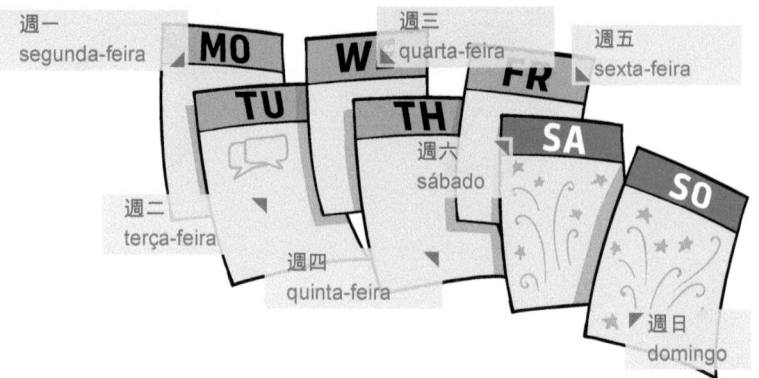

週一
segunda-feira

週三
quarta-feira

週五
sexta-feira

週二
terça-feira

週四
quinta-feira

週六
sábado

週日
domingo

昨天

ontem

今天

hoje

明天

amanhã

早晨

manhã

中午

meio-dia

晚上

entardecer

工作日

dias úteis

週末

fim de semana

年
ano

雨
chuva
彩虹
arco-íris
雪
neve
風
vento
春
primavera
秋
outono
夏
verão
冬
inverno

4.APRIL 11°
5.APRIL 4°
6.APRIL 13°
7.APRIL 8°
8.APRIL 10°

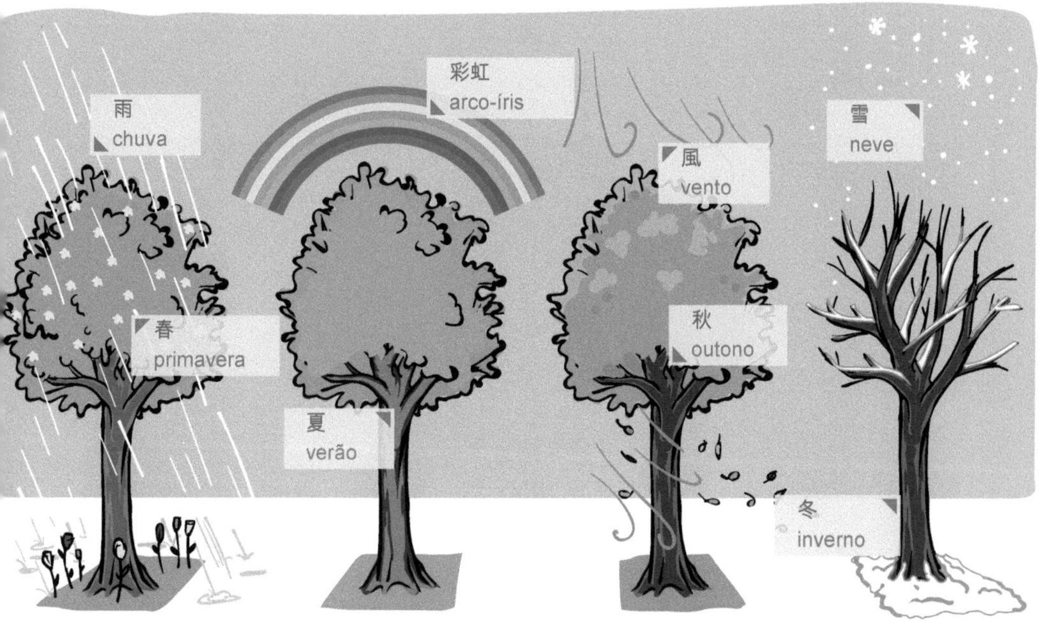

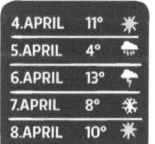

天氣預告

previsão do tempo

F
C

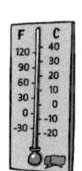

溫度計

termômetro

陽光

raio de sol

雲

nuvem

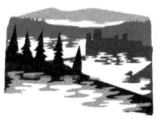

霧

neblina / nevoeiro

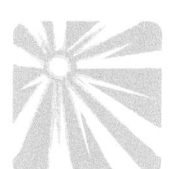

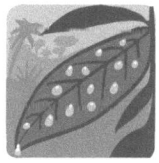

潮濕

umidade do ar

閃電

relâmpago

打雷

trovão

風暴

tempestade

冰雹

granizo

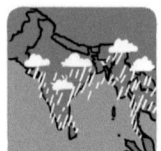

季風

monção

洪水

inundação

冰

gelo

一月

janeiro

二月

fevereiro

三月

março

四月

abril

五月

maio

六月

junho

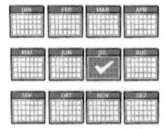

七月

julho

八月

agosto

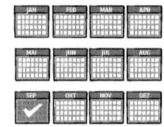

九月

setembro

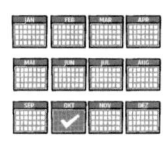

十月

outubro

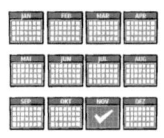

十一月

novembro

十二月

dezembro

形狀

formas

圓形

círculo

正方形

quadrado

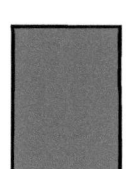

長方形

retângulo

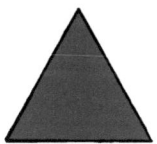

三角形

triângulo

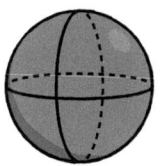

球體

esfera

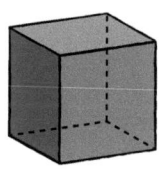

立方體

cubo

白

branco

黃

amarelo

橙

laranja

粉

rosa

紅

vermelho

紫

lilás

藍

azul

綠

verde

棕

marrom

灰

cinza

黑

preto

很多/少許

muito / pouco

生氣/平靜

furioso / tranquilo

美/醜

lindo / feio

首/尾

começo / fim

大/小

grande / pequeno

明/暗

claro / escuro

兄弟/姐妹

irmão / irmã

乾淨/骯髒

limpo / sujo

完整/缺失

completo / incompleto

白天/晚上

dia / noite

死/生

morto / vivo

寬/窄

largo / estreito

可食用/非食用

comestível / não comestível

邪惡/善良

mau / gentil

興奮/無聊

entusiasmado / entediado

胖/瘦

gordo / magro

第一/最後

primeiro / último

朋友/敵人

amigo / inimigo

滿/空

cheio / vazio

硬/軟

duro / macio

重/輕

pesado / leve

餓/渴

fome / sede

生病/健康

doente / saudável

非法/合法

ilegal / legal

聰明/愚笨

inteligente / idiota

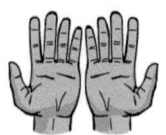

左/右

esquerda / direita

近/遠

perto / longe

新/舊

novo / usado

沒有/有些

nada / alguma coisa

老/幼

velho / jovem

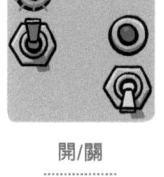

開/關

ligado / desligado

打開/闔上

aberto / fechado

安靜/吵鬧

baixo / alto

富/窮

rico / pobre

對/錯

certo / errado

粗糙/光滑

áspero / liso

傷心/高興

triste / feliz

短/長

curto / longo

慢/快

lento / rápido

濕/乾

molhado / seco

溫暖/涼爽

ameno / fresco

戰爭/和平

guerra / paz

數字

números

0

零
....
zero

1

一
....
um

2

二
....
dois

3

三
....
três

4

四
....
quatro

5

五
....
cinco

6

六
....
seis

7

七
....
sete

8

八
....
oito

9

九
....
nove

10

十
....
dez

11

十一
....
onze

12
十二
doze

13
十三
treze

14
十四
quatorze

15
十五
quinze

16
十六
dezesseis

17
十七
dezessete

18
十八
dezoito

19
十九
dezenove

20
二十
vinte

100
百
cem

1.000
千
mil

1.000.000
百萬
milhão

英語

inglês

美式英語

inglês americano

普通話

chinês mandarim

印地語

hindi

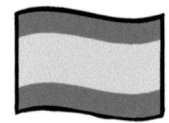

西班牙語

espanhol

法語

francês

阿拉伯語

árabe

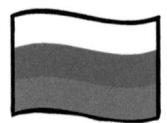

俄語

russo

葡萄牙語

português

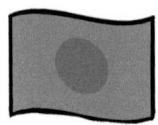

孟加拉語

bengalês

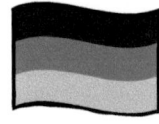

德語

alemão

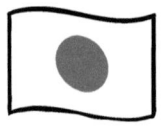

日語

japonês

我

eu

你

você

他/她/它

ele / ela

我們

nós

你們

vocês

他們

eles / elas

誰？

quem?

什麼？

O quê?

如何？

como?

何處？

onde?

何時？

Quando?

名字

nome

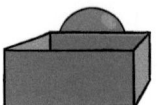

後面

atrás

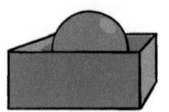

裡面

em

前面

na frente de

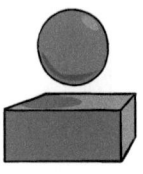

上方

sobre

上面

em cima

下麵

debaixo

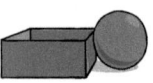

旁邊

do lado

中間

entre

地點

lugar